Ein Schnupfen hockt auf der Terrasse

Lustige und nachdenkliche Gedichte für Kinder

Herausgegeben von Heike Nieder
Illustriert von Katharina Staar

Anaconda

Die Deutsche Nationalbibliothek verzeichnet diese Publikation
in der Deutschen Nationalbibliografie; detaillierte bibliografische Daten
sind im Internet unter http://dnb.d-nb.de abrufbar.

© 2019 Anaconda Verlag GmbH, Köln
Alle Rechte vorbehalten.
Umschlagmotiv und Illustrationen:
Katharina Staar, www.fraeuleinkaethe.de
Umschlaggestaltung: Irina Klass
Satz und Layout: Achim Münster, Overath
Printed in Slovakia 2019
ISBN 978-3-7306-0715-2
www.anacondaverlag.de
info@anacondaverlag.de

Inhalt

Vorwort

Solange der Schnupfen nur auf der Terrasse sitzt, ist ja alles gut und schön. Aber wehe, er kommt ins Haus! Dann dauert es nicht lange und der Erste liegt krank im Bett. Oh Mann, und das kann so öde sein!

Dennoch ist krank zu sein für Kinder in den meisten Fällen gar nicht das schlimmste Problem. Denn glücklicherweise geht so ein Schnupfen ja innerhalb weniger Tage wieder weg. Da kann ein Angeber in der Klasse auf Dauer viel anstrengender sein. Oder das Gefühl, ungerecht behandelt zu werden. Oder die Erwachsenenmahnung, doch endlich mal »vernünftig« zu sein.

Dann hilft es vielleicht, wenn man feststellt, dass es anderen ganz ähnlich geht. Oder wenn man sich seinen Ärger einfach von der Seele lachen kann. Schon Erich Kästner hat vor über achtzig Jahren seine »Lyrische Hausapotheke« veröffentlicht, »ein Nachschlagewerk, das der Behandlung des durchschnittlichen Innenlebens gewidmet« war. Darin standen Gedichte, die »Einsamkeit, Enttäuschung und das übrige Herzeleid« lindern sollten. Dafür brauche man nämlich keine Pillen, schrieb Kästner in seinem Vorwort, sondern »Humor, Zorn, Gleichgültigkeit, Ironie, Kontemplation und Übertreibung«.

Was für Erwachsene gilt, gilt für Kinder nicht minder. Zumindest in diesem Fall. Deshalb enthält dieses Büchlein Verse für Kinder »zur seelischen Verwendung«, wie es Kästner formulierte. Von älteren Autoren, bekannten und weniger bekannten, wie

Rainer Maria Rilke, Christian Morgenstern, Frida
Schanz oder Fred Endrikat. Aber natürlich dürfen
auch James Krüss und Josef Guggenmos nicht fehlen,
zwei berühmte Kinderlyriker der jüngeren Vergangen-
heit. Ebenso wenig wie Erich Kästner, der für kleine
Menschen eine ganz andere Art der »Gebrauchslyrik«
verfasst hat. Zudem sind Dichter der Gegenwart wie
Arne Rautenberg, Susan Kreller oder Uwe-Michael
Gutzschhahn vertreten.

Medikamente haben für gewöhnlich eine Gebrauchs-
anweisung, und die fehlt weder in Kästners »Lyrischer
Hausapotheke« noch in diesem Band. Wer verzagt ist,
weil er etwas angestellt hat, weil er jemanden ver-
misst oder weil er sich mehr Gelassenheit wünscht,
der schmökere in den gleichnamigen Kapiteln.
Es hilft! Und macht ganz nebenbei auch noch Spaß.

Heike Nieder

1
Wenn du etwas angestellt hast

∾

Wie gut, dass ein Hase nicht lesen kann

Wie gut, dass ein Hase nicht lesen kann,
dachte der Hase und rieb sich die Pfoten.
Er holte tief Luft und öffnete dann
die Tür mit der Aufschrift »Zutritt verboten«.

Frantz Wittkamp

Niemand

Kennt ihr wohl den Unfuggeist,
der mit Namen Niemand heißt?
Wohnt beinah in jedem Haus,
fragt nur mal landein, landaus!

Wer hat Vaters Tisch bekleckst?
Mutters Fingerhut verhext?
Mutters Nadel? Mutters Scheren?
Wer nahm von den Stachelbeeren?
Wer zerschnitt den neuen Ball?
Überall und überall
ist's und war's derselbe Fant!
Niemand! Niemand! Niemand!

Niemand hat das Garn verfetzt,
niemand hat die Wurst stibitzt,
niemand krachte mit der Tür,
niemand kann etwas dafür,
dass der Garten offen steht,
niemand trat ins Tulpenbeet,
niemand aß vom Apfelbrei,
niemand riss das Buch entzwei,
niemand warf das Glas vom Tisch!
Wenn ich ihn einmal erwisch!

Such und hasch ihn alle Tage.
Wenn ich Kinder nach ihm frage,
kommen sie in große Not,
werden feuerfeuerrot,
doch es nennt ihn mir im Land
niemand, niemand, niemand!

Frida Schanz

Die Heinzelmännchen zu Köln

Wie war zu Köln es doch vordem
mit Heinzelmännchen so bequem!
Denn, war man faul, man legte sich
hin auf die Bank und pflegte sich:
Da kamen bei Nacht,
eh man's gedacht,
die Männlein und schwärmten
und klappten und lärmten
und rupften
und zupften
und hüpften und trabten
und putzten und schabten ...
Und eh ein Faulpelz noch erwacht,
war all sein Tagewerk bereits gemacht!

Die Zimmerleute streckten sich
hin auf die Spän' und reckten sich.
Indessen kam die Geisterschar
und sah, was da zu zimmern war.
Nahm Meißel und Beil
und die Säg' in Eil;
sie sägten und stachen
und hieben und brachen,
berappten
und kappten,
visierten wie Falken
und setzten die Balken.
Eh sich's der Zimmermann versah,
klapp, stand das ganze Haus schon fertig da!

Beim Bäckermeister war nicht Not,
die Heinzelmännchen backten Brot.
Die faulen Burschen legten sich,
die Heinzelmännchen regten sich –
und ächzten daher
mit den Säcken schwer!
Und kneteten tüchtig
und wogen es richtig,
und hoben
und schoben
und fegten und backten
und klopften und hackten.
Die Burschen schnarchten noch im Chor:
Da rückte schon das Brot, das neue, vor!

Beim Fleischer ging es just so zu:
Gesell und Bursche lag in Ruh.
Indessen kamen die Männlein her
und hackten das Schwein die Kreuz und Quer.
Das ging so geschwind
wie die Mühl' im Wind!
Die klappten mit Beilen,
die schnitzten an Speilen,
die spülten,
die wühlten,
und mengten und mischten
und stopften und wischten.
Tat der Gesell die Augen auf,
wapp, hing die Wurst da schon
    im Ausverkauf!

Beim Schenken war es so: es trank
der Küfer, bis er niedersank,
am hohlen Fasse schlief er ein,
die Männlein sorgten um den Wein

9

und schwefelten fein
alle Fässer ein,
und rollten und hoben
mit Winden und Kloben,
und schwenkten
und senkten
und gossen und panschten
und mengten und manschten.
Und eh der Küfer noch erwacht,
war schon der Wein geschönt und fein gemacht!

Einst hatt' ein Schneider große Pein:
Der Staatsrock sollte fertig sein;
warf hin das Zeug und legte sich
hin auf das Ohr und pflegte sich.
Das schlüpften sie frisch
in den Schneidertisch
und schnitten und rückten
und nähten und stickten
und fassten
und passten
und strichen und guckten
und zupften und ruckten,
und eh mein Schneiderlein erwacht:
War Bürgermeisters Rock bereits gemacht!

Neugierig war des Schneiders Weib,
und macht sich diesen Zeitvertreib:
Streut Erbsen hin die andre Nacht,
die Heinzelmännchen kommen sacht:
Eins fähret nun aus,
schlägt hin im Haus,
die gleiten von Stufen
und plumpen in Kufen,
die fallen

mit Schallen,
die lärmen und schreien
und vermaledeien!
Sie springt hinunter auf den Schall
mit Licht: husch husch husch – verschwinden all!

O weh! Nun sind sie alle fort
und keines ist mehr hier am Ort!
Man kann nicht mehr wie sonsten ruhn,
man muss nun alles selber tun!
Ein jeder muss fein
selbst fleißig sein,
und kratzen und schaben
und rennen und traben
und schniegeln
und biegeln
und klopfen und hacken
und kochen und backen.
Ach, dass es noch wie damals wär!
Doch kommt die schöne Zeit nicht wieder her!

August Kopisch

Frecher Bengel

Ich bin ein kleiner Junge,
ich bin ein großer Lump.
Ich habe eine Zunge
und keinen Strump.

Ihr braucht mir keinen schenken,
dann reiß ich mir kein Loch.
Ihr könnt euch ruhig denken:
Jottedoch!

Ich denk von euch dasselbe.
Ich kuck euch durch den Lack.
Ich spuck euch aufs Gewölbe.
Pack!

Richard Dehmel

Der kleine Sünder

Gestern lief der Peter weg,
spinnefix verstohlen.
Setzt sich Mutter den Bänderhut auf:
Wart, ich will dich holen!
Sausepeter,
Flausepeter,
kleiner Sünder, wo bist du?

Hahnematz steht auf der Wiese;
Kiek ins Grüne! kräht er.
Sag mir, bunter Kikeriki,
wo ist unser Peter?
Bummelpeter,
Schummelpeter,
kleiner Sünder,
  wo bist du?

Wie sie in den Garten kommt,
ist er nicht zu sehen,
bleibt sie neben dem Spargelbeet
unterm Pflaumbaum stehen.
Aber Peter,
nirgends steht er;
kleiner Sünder, wo bist du?

Hört sie etwas lachen, horch,
oben aus dem Baume;
sitzt der Peter seelenvergnügt,
pflückt sich eine Pflaume.
Wirft ein Steinchen,
schwenkt die Beinchen,
wuppdich – Mutter, da bin ich!

Paula und Richard Dehmel

13

Die Wühlmaus

Die Wühlmaus nagt von einer Wurzel
das W hinfort, bis an die -urzel.
Sie nagt dann an der hintern Stell
auch von der -urzel noch das l.
Die Wühlmaus nagt und nagt, o weh,
auch von der -urze- noch das e.
Sie nagt die Wurzel klein und kurz,
bis aus der -urze- wird ein -urz-.
Die Wühlmaus ohne Rast und Ruh
nagt von dem -urz- auch noch das u.
Der Rest ist schwer zu reimen jetzt,
es bleibt zurück nur noch ein -rz-.
Nun steht dies -rz- im Wald allein.
Die Wühlmäuse sind so gemein.

Fred Endrikat

14

Inserat

Die verehrlichen Jungen, welche heuer
meine Äpfel und Birnen zu stehlen gedenken,
ersuche ich höflichst, bei diesem Vergnügen
womöglich insoweit sich zu beschränken,
dass sie daneben auf den Beeten
mir die Wurzeln und Erbsen nicht zertreten.

Theodor Storm

Das verhexte Telefon

Neulich waren bei Pauline
sieben Kinder beim Kaffee.
Und der Mutter taten schließlich
von dem Krach die Ohren weh.

Deshalb sagte sie: »Ich gehe.
Aber treibt es nicht zu toll.
Denn der Doktor hat verordnet,
dass ich mich nicht ärgern soll.«

Doch kaum war sie aus dem Hause,
schrie die rote Grete schon:
»Kennt ihr meine neuste Mode?
Kommt mal mit ans Telefon.«

Und sie rannten wie die Wilden
an den Schreibtisch des Papas.
Grete nahm das Telefonbuch,
blätterte darin und las.

Dann hob sie den Hörer runter,
gab die Nummer an und sprach:
»Ist dort der Herr Bürgermeister?
Ja? Das freut mich. Guten Tag!

Hier ist Störungsstelle Westen.
Ihre Leitung scheint gestört.
Und da wäre es am besten,
wenn man Sie mal sprechen hört.

Klingt ganz gut ... vor allen Dingen
bittet unsere Stelle Sie,
prüfungshalber was zu singen,
irgendeine Melodie.«

Und die Grete hielt den Hörer
allen sieben an das Ohr.
Denn der brave Bürgermeister
sang: »Am Brunnen vor dem Tor«.

Weil sie schrecklich lachen mussten,
hängten sie den Hörer ein.
Dann trat Grete in Verbindung
mit Finanzminister Stein.

»Exzellenz, hier Störungsstelle.
Sagen Sie doch dreimal ›Schrank‹.
Etwas lauter, Herr Minister!
Tschuldigung und besten Dank.«

Wieder mussten alle lachen.
Hertha schrie: »Hurra!«, und dann
riefen sie von neuem lauter
sehr berühmte Männer an.

Von der Stadtbank der Direktor
sang zwei Strophen »Hänschen klein«,
und der Intendant der Oper
knödelte die »Wacht am Rhein«.

Ach, sogar den Klassenlehrer
rief man an. Doch sagte der:
»Was für Unsinn? Störungsstelle –
Grete, Grete! Morgen mehr.«

Das fuhr allen in die Glieder.
Was geschah am Tage drauf?
Grete rief: »Wir tun's nicht wieder.«
Doch er sagte: »Setzt euch nieder.
Was habt ihr im Rechnen auf?«

Erich Kästner

Allerlei Leiden

Wenn das Brot fällt auf die Butterseit',
das ist gewiss kein kleines Leid.
Wen der Schuh drückt, der ist nicht froh,
wer krank ist, dem geht's ebenso.
Die größte Trübsal doch findet statt,
wenn man die Hose zerrissen hat,
und es weiß noch niemand!

Johannes Trojan

2
Wenn du jemanden gern hast

Ein männlicher Briefmark

Ein männlicher Briefmark erlebte
was Schönes, bevor er klebte.
Er war von einer Prinzessin beleckt.
Da war die Liebe in ihm erweckt.
Er wollte sie wiederküssen,
da hat er verreisen müssen.
So liebte er sie vergebens.
Das ist die Tragik des Lebens.

Joachim Ringelnatz

Ich habe dich so lieb

Ich habe dich so lieb!
Ich würde dir ohne Bedenken
eine Kachel aus meinem Ofen
schenken.

Ich habe dir nichts getan.
Nun ist mir traurig zu Mut.
An den Hängen der Eisenbahn
leuchtet der Ginster so gut.

Vorbei – verjährt –
doch nimmer vergessen.
Ich reise.
Alles, was lange währt,
ist leise.

Die Zeit entstellt
alle Lebewesen.
Ein Hund bellt.
Er kann nicht lesen.
Er kann nicht schreiben.
Wir können nicht bleiben.

Ich lache.
Die Löcher sind die Hauptsache
an einem Sieb.

Ich habe dich so lieb.

Joachim Ringelnatz

Der brave Strubel

Unser Hofhund, Strubel heißt er,
ist gar lobesam;
nur die Ruhestörer beißt er,
denen ist er gram.

Ach, er liefe gern den Katzen
durch den Garten nach;
bellt auch gerne nach den Spatzen
auf dem Scheunendach.

Doch er muss darauf verzichten,
folgsam seinem Herrn;
denn er ist ein Hund mit Pflichten
und gehorcht wohl gern.

Wenn dann Väterchen ihm schmeichelt:
Hast es brav gemacht,
und das Kinn ihm gnädig streichelt,
ist's, als ob er lacht.

Und wie schön kann Strubel springen
und kann aufrecht geh'n,
kann Verlornes wiederbringen
und kann Schildwach steh'n!

Demut, Biedersinn und Treue
sind in ihm vereint,
und wir preisen stets aufs neue
Strubel, unsern Freund.

Richard Dehmel

So nett

So nett ist meine Tante Marianne!
Sie kommt am Samstag zu Besuch zu uns.
Und bringt ihr kleines Schwein mit. Das macht: grunz.
Am Abend steckt sie's in die Badewanne.

Zum Frühstück speist es Müsli mit Banane,
dann fahr'n sie mit der S-Bahn an die Isar
und schimpfen alle Hundehalter Spießer.
Am Nachmittag gibt's Obstkuchen mit Sahne.

So nett ist sie, weil sie sich doch so sorgt!
Und ihrem Schwein auch mal ihr Handy borgt.
Dann ruft es an beim Bauernhof in Murnau.

Es quietscht ein Loblied auf die liebe Tante:
bezeichnet sie als eine Art Verwandte.
Der Bauer grunzt sowas wie: Arme Sau.

Heike Nieder

Die drei Spatzen

In einem leeren Haselstrauch,
da sitzen drei Spatzen, Bauch an Bauch.

Der Erich rechts und links der Franz
und mittendrin der freche Hans.

Sie haben die Augen zu, ganz zu,
und obendrüber, da schneit es, hu!

Sie rücken zusammen dicht, ganz dicht,
so warm wie der Hans hat's niemand nicht.

Sie hör'n alle drei ihrer Herzlein Gepoch.
Und wenn sie nicht weg sind, so sitzen sie noch.

Christian Morgenstern

Alles kann man nicht sagen

Wenn man eine Sternschnuppe sieht,
kann man sich etwas wünschen.
Aber man darf es nicht sagen,
weil es sonst nicht in Erfüllung geht.

Wenn ich mir wünsche, dass du mich
ganz unerwartet
an dich ziehst und mir über die Haare streichst,
kann ich es nicht sagen.

Wenn ich es sagen würde
und du es dann tätest,
wäre es überhaupt nicht,
was ich mir gewünscht habe.

Martin Auer

Wenn mein Vater mit mir geht

Wenn mein Vater mit mir geht,
dann hat alles einen Namen,
Vogel, Falter, Baum und Blume.
Wenn mein Vater mit mir geht,
ist die Erde nicht mehr stumm.

Kommt die Nacht und kommt das Dunkel,
zeigt mein Vater mir die Sterne.
Er weiß, wie die Menschen leben,
weiß, was recht und unrecht ist,
sagt mir, wie ich werden soll.

Josef Guggenmos

3
Wenn dich das Fernweh packt

Vom Schlaraffenland

Kommt, wir wollen uns begeben
jetzo ins Schlaraffenland.
Seht, da ist ein lustig Leben
und das Trauern unbekannt!
Seht, da lässt sich billig leben
und umsonst recht lustig sein,
Milch und Honig fließt in Bächen,
aus den Felsen quillt der Wein.

Alle Speisen gut geraten,
und das Finden fällt nicht schwer.
Gäns' und Enten geh'n gebraten
überall im Land umher.
Mit dem Messer auf dem Rücken
läuft gebraten jedes Schwein,
oh, wie ist es zum Entzücken,
ei, wer möchte dort nicht sein.

Und von Kuchen, Butterwecken,
sind die Zweige voll und schwer.
Feigen wachsen in den Hecken,
Ananas im Busch umher.
Keiner darf sich müh'n und bücken,
alles stellt von selbst sich ein.
Oh, wie ist es zum Entzücken,
Ei, wer möchte dort nicht sein.

Und die Straßen allerorten,
jeder Steg und jede Bahn,
sind gebaut aus Zuckertorten
und Bonbons und Marzipan.
Und von Brezeln sind die Brücken,
aufgeführt gar hübsch und fein.
Oh, wie ist es zum Entzücken,
Ei, wer möchte dort nicht sein.

Ja, das mag ein schönes Leben
und ein herrlich Ländchen sein.
Mancher hat sich hinbegeben,
aber keiner kam hinein.
Ja, und habt ihr keine Flügel,
nie gelangt ihr bis ans Tor,
denn es liegt ein breiter Hügel
ganz von Pflaumenmus davor.

August Heinrich Hoffmann von Fallersleben

Ein Luftschiffer

Ich kann ein Luftschiffer werden,
immer höher schlägt mein Herz;
da flieh'n die Flüsse unter mir
wie dünne Adern Erz,
meine Gondel steigt und steigt.

Die Luft wird immer reiner;
das wirre Erdgewühl
wird alles klein und kleiner,
wird alles wie ein Spiel.
Ich gleite drüber hin.

Hin, wo die Wolken schweigen;
kaum noch ein Berghaupt blinkt.
Ich fühle mich nicht mehr steigen,
nur die Erde sinkt und sinkt;
mir träumt ein Schaukellied.

Ich schwebe nur und schwebe,
in die blaue Welt hinein.
Wer weiß wohin – ade, ade –
der Himmel wiegt mich ein:
Fahr wohl, du kleiner Held.

Richard Dehmel

29

Die Ameisen

In Hamburg lebten zwei Ameisen,
die wollten nach Australien reisen.
Bei Altona auf der Chaussee
da taten ihnen die Beine weh,
und da verzichteten sie weise
dann auf den letzten Teil der Reise.

So will man oft und kann doch nicht
und leistet dann recht gern Verzicht.

Joachim Ringelnatz

Die ganze Welt

Wo hängt der größte Bilderbogen?
Beim Kaufmann, Kinder! Ungelogen!
Man braucht bloß draußen steh'n zu bleiben,
guckt einfach durch die Ladenscheiben,
da sieht man ohne alles Geld
die ganze Welt.

Man sieht die braunen Kaffeebohnen;
die wachsen, wo die Affen wohnen.
Man sieht auf Waschblau, Reis und Mandeln
Kamele unter Palmen wandeln,
und einen Ochsen ganz bepackt
mit Fleischextrakt.

Man sieht auch Zimt und Apfelsinen
und Zuckerhüte zwischen ihnen.
Man sieht auf rot lackierten Blechen
Matrosen mit Chinesen sprechen;
und manchmal steht ein bunter Mohr,
der lacht, davor.

Am Eingang aber lehnt 'ne Leiter
mit Hasen, Hühnern und so weiter.
Und manchmal hängt an ihren Sprossen
ein großer Hirsch, ganz totgeschossen;
dann kommt so'n kleiner Hundemann
und schnuppert dran.

Paula und Richard Dehmel

Heimatlose

Ich bin fast
gestorben vor Schreck:
In dem Haus, wo ich zu Gast
war, im Versteck,
bewegte sich,
regte sich
plötzlich hinter einem Brett
in einem Kasten neben dem Klosett,
ohne Beinchen,
stumm, fremd und nett
ein Meerschweinchen.
Sah mich bange an,
sah mich lange an,
sann wohl hin und sann her,
wagte sich
dann heran
und fragte mich:
»Wo ist das Meer?«

Joachim Ringelnatz

In die Wolken gucken

Im Himmel schwimmen
flockige Länder,
bauschige Kontinente.
Ihre Grenzen verfließen,
lösen sich auf,
ballen sich neu
zu noch nie gesehenen
Inseln und Staaten. –
Und ich ihr Entdecker,
ganz allein.

Hans Manz

33

Ännchens Himmelfahrt

In Hut und Mantel, kleines Ännchen?
Wohin soll denn die Reise geh'n?
Was schaust du immer nach dem Himmel?
Man kann nicht in die Sonne seh'n.

»Ich nehme mir die große Leiter
und steig zum Himmel fix hinauf.
Ich will den lieben Gott besuchen,
dann mach ich schnell die Sonne auf.

Dann guck ich in sein schönes Zimmer:
Gu'n Tag, du lieber Herrgott du!
Er schenkt mir was, dann sag ich danke,
und mach die Sonne wieder zu!«

Jakob Loewenberg

Ach, wer doch das könnte!

Gemäht sind die Felder, der Stoppelwind weht,
hoch droben in Lüften mein Drache nun steht,
die Rippen von Holze, der Leib von Papier;
zwei Ohren, ein Schwänzlein sind all seine Zier.
Und ich denk: So drauf liegen im sonnigen Strahl –
ach, wer doch das könnte, nur ein einziges Mal!

Da guckt' ich dem Storch in das Sommernest dort:
Guten Morgen, Frau Storchen, geht die Reise bald fort?
Ich blickt' in die Häuser zum Schornstein hinein:
Papachen, Mamachen, wie seid ihr so klein!
Tief unter mir säh' ich Fluss, Hügel und Tal –
ach, wer doch das könnte, nur ein einziges Mal!

Und droben, gehoben auf schwindelnder Bahn,
da fasst' ich die Wolken, die segelnden, an;
ich ließ mich besuchen von Schwalben und Kräh'n
und könnte die Lerchen, die singenden, seh'n,
die Englein belauscht' ich im himmlischen Saal –
ach, wer doch das könnte, nur ein einziges Mal!

Victor Blüthgen

Der Panther

Im Jardin des Plantes, Paris

Sein Blick ist vom Vorübergeh'n der Stäbe
so müd' geworden, dass er nichts mehr hält.
Ihm ist, als ob es tausend Stäbe gäbe
und hinter tausend Stäben keine Welt.

Der weiche Gang geschmeidig starker Schritte,
der sich im allerkleinsten Kreise dreht,
ist wie ein Tanz von Kraft um eine Mitte,
in der betäubt ein großer Wille steht.

Nur manchmal schiebt der Vorhang der Pupille
sich lautlos auf – Dann geht ein Bild hinein,
geht durch der Glieder angespannte Stille –
und hört im Herzen auf zu sein.

Rainer Maria Rilke

4
Wenn du Angeber leid bist

Fink und Frosch

Im Apfelbaume pfeift der Fink
sein: pinkepink!
Ein Laubfrosch klettert mühsam nach,
bis auf des Baumes Blätterdach,
und bläht sich auf und quackt: »Ja ja!
Herr Nachbar, ick bin och noch da!«

Und wie der Vogel frisch und süß
sein Frühlingslied erklingen ließ,
gleich muss der Frosch in rauen Tönen
den Schusterbass dazwischen dröhnen.

»Juchheija heija!«, spricht der Fink.
»Fort flieg ich flink!«
Und schwingt sich in die Lüfte hoch.

»Wat!«, ruft der Frosch, »dat kann ick och!«
Macht einen ungeschickten Satz,
fällt auf den harten Gartenplatz,
ist platt, wie man die Kuchen backt,
und hat für ewig ausgequakt.

Wenn einer, der mit Mühe kaum
geklettert ist auf einen Baum,
schon meint, dass er ein Vogel wär,
so irrt sich der.

Wilhelm Busch

Ein dicker Sack

Ein dicker Sack – den Bauer Bolte,
der ihn zur Mühle tragen wollte,
um auszuruh'n, mal hingestellt
dicht an ein reifes Ährenfeld –
legt sich in würdevolle Falten
und fängt 'ne Rede an zu halten.
»Ich«, sprach er, »bin der volle Sack.
Ihr Ähren seid nur dünnes Pack.
Ich bin's, der euch auf dieser Welt
in Einigkeit zusammenhält.
Ich bin's, der hoch vonnöten ist,
dass euch das Federvieh nicht frisst;
ich, dessen hohe Fassungskraft
euch schließlich in die Mühle schafft.
Verneigt euch tief, denn ich bin Der!
Was wäret ihr, wenn ich nicht wär'?«
Sanft rauschen die Ähren:
»Du wärst ein leerer Schlauch,
wenn wir nicht wären.«

Wilhelm Busch

Der rechte Barbier

Und soll ich nach Philisterart
mir Kinn und Wange putzen,
so will ich meinen langen Bart
den letzten Tag noch nutzen.
Ja, ärgerlich, wie ich nun bin,
vor meinem Groll, vor meinem Kinn
soll mancher noch erzittern!

»Holla! Herr Wirt, mein Pferd! Macht fort!
Ihm wird der Hafer frommen.
Habt Ihr Barbierer hier im Ort?
Lasst gleich den rechten kommen.
Waldaus, waldein, verfluchtes Land!
Ich ritt die Kreuz und Quer und fand
doch nirgends noch den rechten.

Tritt her, Bartputzer, aufgeschaut!
Du sollst den Bart mir kratzen;
doch kitzlig sehr ist meine Haut,
ich biete hundert Batzen;
nur, machst du nicht die Sache gut,
und fließt ein einz'ges Tröpflein Blut,
fährt dir mein Dolch ins Herze.«

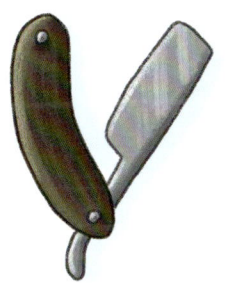

Das spitze, kalte Eisen sah
man auf dem Tische blitzen,
und dem verwünschten Ding gar nah
auf seinem Schemel sitzen
den grimm'gen, schwarzbehaarten Mann
im schwarzen, kurzen Wams, woran
noch schwärz're Troddeln hingen.

Dem Meister wird's zu grausig fast;
er will die Messer wetzen;
er sieht den Dolch; er sieht den Gast;
es packt ihn das Entsetzen;
er zittert wie das Espenlaub,
er macht sich plötzlich aus dem Staub
und sendet den Gesellen.

»Einhundert Batzen mein Gebot,
falls du die Kunst besitzest;
doch, merk es dir, dich stech ich tot,
so du die Haut mir ritzest.«
Und der Gesell: »Den Teufel auch!
Das ist des Landes nicht der Brauch.«
Er läuft und schickt den Jungen.

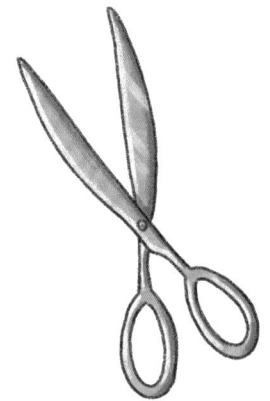

»Bist du der Rechte, kleiner Molch?
Frisch auf! Fang an zu schaben;
Hier ist das Geld, hier ist der Dolch,
das beides ist zu haben!
Und schneidest, ritzest du mich bloß,
so geb ich dir den Gnadenstoß;
du wärest nicht der erste.«

Der Junge denkt der Batzen, druckst
nicht lang und ruft verwegen:
»Nur still gesessen! Nicht gemuckst!
Gott geb Euch scinen Segen!«
Er seift ihn ein ganz unverdutzt,
Er wetzt, er stutzt, er kratzt, er putzt:
»Gottlob! Nun seid Ihr fertig.«

»Nimm, kleiner Knirps, dein Geld nur hin;
du bist ein wahrer Teufel!
Kein andrer mochte den Gewinn,
du hegtest keinen Zweifel;
es kam das Zittern dich nicht an,
und wenn ein Tröpflein Blutes rann,
so stach ich dich doch nieder.«

»Ei, guter Herr, so stand es nicht,
ich hielt Euch an der Kehle;
verzucktet Ihr nur das Gesicht
und ging der Schnitt mir fehle,
so ließ ich Euch dazu nicht Zeit;
entschlossen war ich und bereit,
die Kehl' Euch abzuschneiden.«

»So, so! Ein ganz verwünschter Spaß!«
Dem Herrn ward's unbehäglich;
er wurd' auf einmal leichenblass
und zitterte nachträglich:
»So, so! Das hatt' ich nicht bedacht,
doch hat es Gott noch gut gemacht;
ich will's mir aber merken.«

Adelbert von Chamisso

Der Zauberlehrling

Hat der alte Hexenmeister
sich doch einmal wegbegeben!
Und nun sollen seine Geister
auch nach meinem Willen leben!
Seine Wort' und Werke
merkt' ich, und den Brauch,
und mit Geistesstärke
tu ich Wunder auch.
Walle, walle
manche Strecke,
dass zum Zwecke
Wasser fließe
und, mit reichem vollem Schwalle
zu dem Bade sich ergieße!

Und nun komm du alter Besen,
nimm die schlechten Lumpenhüllen!
Bist schon lange Knecht gewesen,
nun erfülle meinen Willen!
Auf zwei Beinen stehe,
oben sei ein Kopf,
eile nun und gehe
mit dem Wassertopf!
Walle, walle
manche Strecke,
dass zum Zwecke
Wasser fließe
und mit reichem, vollem Schwalle
zu dem Bade sich ergieße!

Seht, er läuft zum Ufer nieder;
Wahrlich, ist schon an dem Flusse,
und mit Blitzesschnelle wieder
ist er hier mit raschem Gusse.
Schon zum zweiten Male!
Wie das Becken schwillt!
Wie sich jede Schale
voll mit Wasser füllt!
Stehe! Stehe!
Denn wir haben
deiner Gaben
vollgemessen!
Ach, ich merk es! Wehe, wehe!
Hab ich doch das Wort vergessen!

Ach, das Wort, worauf am Ende
er das wird, was er gewesen!
Ach, er läuft und bringt behände!
Wärst du doch der alte Besen!
Immer neue Güsse
bringt er schnell herein,
ach, und hundert Flüsse
stürzen auf mich ein.
Nein, nicht länger
kann ich's lassen;
will ihn fassen.
Das ist Tücke!
Ach, nun wird mir immer bänger!
Welche Miene, welche Blicke!

Oh, du Ausgeburt der Hölle!
Soll das ganze Haus ersaufen?
Seh ich über jede Schwelle
doch schon Wasserströme laufen.
Ein verruchter Besen,
der nicht hören will!
Stock, der du gewesen,
steh doch wieder still!

Willst's am Ende
gar nicht lassen;
will dich fassen,
will dich halten,
und das alte Holz behände
mit dem scharfen Beile spalten.

Seht, da kommt er schleppend wieder!
Wie ich mich nun auf dich werfe,
gleich, o Kobold, liegst du nieder;
krachend trifft die glatte Schärfe!

Wahrlich, brav getroffen!
Seht, er ist entzwei!
Und nun kann ich hoffen,
und ich atme frei!
Wehe! Wehe!

Beide Teile
steh'n in Eile
schon als Knechte
völlig fertig in die Höhe!
Helft mir, ach, ihr hohen Mächte!

Und sie laufen! Nass und nässer
wird's im Saal und auf den Stufen.
Welch entsetzliches Gewässer!
Herr und Meister! Hör mich rufen!
Ach! Da kommt der Meister!
Herr, die Not ist groß!
Die ich rief, die Geister,
werd ich nun nicht los.
»In die Ecke,
Besen! Besen!
Seid's gewesen!
Denn als Geister
ruft euch nur zu seinem Zwecke
erst hervor der alte Meister.«

Johann Wolfgang von Goethe

Das Huhn und der Karpfen

Auf einer Meierei,
da war einmal ein braves Huhn,
das legte, wie die Hühner tun,
an jedem Tag ein Ei
und kakelte,
mirakelte,
spektakelte,
als ob's ein Wunder sei.

Es war ein Teich dabei,
darin ein braver Karpfen saß
und stillvergnügt sein Futter fraß,
der hörte das Geschrei:
Wie's kakelte,
mirakelte,
spektakelte,
als ob's ein Wunder sei.

Da sprach der Karpfen: »Ei!
Alljährlich leg' ich 'ne Million
und rühm' mich dess' mit keinem Ton:
Wenn ich um jedes Ei
so kakelte,
mirakelte,
spektakelte –
was gäb's für ein Geschrei!«

Heinrich Seidel

Der weiße Hirsch

Es gingen drei Jäger wohl auf die Pirsch,
sie wollten erjagen den weißen Hirsch.

Sie legten sich unter den Tannenbaum,
da hatten die drei einen seltsamen Traum.

Der Erste
Mir hat geträumt, ich klopft' auf den Busch,
da rauschte der Hirsch heraus, husch-husch!

Der Zweite
Und als er sprang mit der Hunde Geklaff,
da brannt' ich ihn auf das Fell, piff-paff!

Der Dritte
Und als ich den Hirsch an der Erde sah,
da stieß ich lustig ins Horn, trara!

So lagen sie da und sprachen, die drei,
da rannte der weiße Hirsch vorbei.

Und eh die drei Jäger ihn recht gesehn,
so war er davon über Tiefen und Höhn.
Husch-husch! Piff-paff! Trara!

Ludwig Uhland

47

5
Wenn du dich ungerecht behandelt fühlst

Fritze

Nun mag ich auch nicht länger leben,
verhasst ist mir des Tages Licht;
denn sie hat Franze Kuchen gegeben,
mir aber nicht.

Matthias Claudius

Die Schatzgräber

Ein Winzer, der am Tode lag,
rief seine Kinder an und sprach:
»In userm Weinberg liegt ein Schatz,
grabt nur danach!« – »An welchem Platz?«,
schrie alles laut den Vater an.
»Grabt nur – !« O weh! Da starb der Mann.

Kaum war der Alte beigeschafft,
so grub man nach aus Leibeskraft.
Mit Hacke, Karst und Spaten ward
der Weinberg um und um gescharrt.

Da war kein Kloß, der ruhig blieb,
man warf die Erde gar durchs Sieb
und zog die Harken kreuz und quer
nach jedem Steinchen hin und her.
Allein da ward kein Schatz verspürt
und jeder hielt sich angeführt.

Doch kaum erschien das nächste Jahr,
so nahm man mit Erstaunen wahr,
dass jede Rebe dreifach trug.
Da wurden erst die Söhne klug,
und gruben nun jahrein, jahraus
des Schatzes immer mehr heraus.

Gottfried August Bürger

Quengelinchen

Quengelinchen, mein Hühnchen, wie traurig ist das:
Der Himmel ist blau, und das Wasser ist nass,
und drei ist nicht vier,
und Kaffee kein Bier –
Ach, wenn doch alles ganz anders wär,
dann grämte sich unser Quengelinchen nicht mehr!

Victor Blüthgen

Peter und das Echo

Möcht wissen, wo der Kerl nur steckt,
der mich im Walde foppt und neckt?
Bald tönt's von rechts, von links dann her!
So wie ich rufe, ruft auch er.
Wenn ich dich krieg, na warte!
Warte ...

Was sprichst du mit mir immerzu?
Du feiger Kerl, wie heißt denn du?
So wahr ich Peter heiß, aufs Wort!
Ich fasse dich und schlepp dich fort,
ob früher oder später!
Peter ...

Sei still und sprich kein Wörtchen mehr,
sonst hol ich mir ein Schießgewehr,
und hab ich dich aufs Korn gefasst,
so schieß ich dich vom höchsten Ast
herab mit meiner Waffe!
Affe ...

Du schimpftest gar, du dummer Wicht!
Wahrhaftig, nein, das leid ich nicht!
Ich geh nicht eher hier vom Fleck,
bis ich gefunden dein Versteck,
dass ich mit dir mich boxe!
Ochse ...

Rudolf Löwenstein

Gekränkte Unschuld

Ein Rad gebrochen! Da liegt das Heu ...
Da liegt der Wagen ... und nebenbei
ein blasses, schmächtiges Dirnchen steht,
das heulend die Zipfel der Schürze dreht.

»Was willst' denn?« Ich streichle ihm sanft das Gesicht,
da zeigt's auf den riesigen Wagen und spricht,
das zitternde Stimmchen von Schluchzen zerrissen:
»Sie sagen, ich hätte ihn umgeschmissen.«

Anna Ritter

Herr Schneck

Herr Schneck (mit seinem Versteck)
kommt so rasch,
dass es braust,
um die Ecke gesaust.
Da schreit er laut:
Halt!!!
Fast
wären wir
zusammengeknallt!
Herr!!!
Sehen Sie nicht,
dass ich
die Vorkriech habe?
Sie sind vielleicht
ein Unglücksrabe!
Beinahe hätte es
einen Unfall gegeben,
mir verdanken Sie,
dass Sie
noch leben!
Sie haben wohl
keinen Kriecherschein?

Nein!
brummt der Stein.

Max Kruse

Du sollst nicht

Es gibt
Worte
die soll ich nicht sagen
Fragen
die soll ich nicht fragen
Sachen
die soll ich nicht sehn
Wege
die soll ich nicht gehen
Dinge
die soll ich nicht hören
Schwüre
die soll ich nicht schwören.

Lahm stumm taub und blind
werde ich
schlussendlich
ein braves Kind.

Susanne Kilian

6
Wenn du von der Zukunft träumst

Großzügig

Du, Mutti, wenn ich Konditor bin
und du kommst mal nach meinem Laden hin,
dann sag ich: Sie dürfen von jedem Kuchen
sich die allergrößten Stücke aussuchen!
Und dann freu ich mich, wenn du ordentlich isst.
Aber wenn du dann fragst, was du schuldig bist,
dann sag ich: Sie haben's ja nicht bestellt!
Überhaupt – von Ihnen nehm ich kein Geld!
Das behalten Sie alles nur ruhig da.
Sie waren ja früher mal meine Mama!

Josefa Metz

Der Knabe

Ich möchte einer werden so wie die,
die durch die Nacht mit wilden Pferden fahren,
mit Fackeln, die gleich aufgegangnen Haaren
in ihres Jagens großem Winde weh'n.
Vorn möcht ich stehen wie in einem Kahne,
groß und wie eine Fahne aufgerollt.
Dunkel, aber mit einem Helm von Gold,
der unruhig glänzt. Und hinter mir gereiht
zehn Männer aus derselben Dunkelheit
mit Helmen, die, wie meiner, unstet sind,
bald klar wie Glas, bald dunkel, alt und blind.
Und einer steht bei mir und bläst uns Raum
mit der Trompete, welche blitzt und schreit,
und bläst uns eine schwarze Einsamkeit,
durch die wir rasen wie ein rascher Traum:
Die Häuser fallen hinter uns ins Knie,
die Gassen biegen sich uns schief entgegen,
die Plätze weichen aus: wir fassen sie,
und unsre Rosse rauschen wie ein Regen.

Rainer Maria Rilke

Hänschen auf der Jagd

Hänschen wollte jagen geh'n,
hatte kein Gewehr,
sah er einen Besen steh'n:
Herz, was willst du mehr?

Hänschen ging voll Jagdbegier
mit dem Besen aus:
Mutter, einen Braten dir
bring ich bald nach Haus!

Nun mit Jägerleidenschaft
lief er in das Feld,
und er schoss mit voller Kraft
auf die ganze Welt!

Saß ein Häschen auf der Flur,
Hänschen machte: Bumm!
Häschen machte Männchen nur,
aber fiel nicht um.

Saß ein Rabe auf dem Baum,
Hänschen machte: Puh!
Doch der Rabe wie im Traum
saß in guter Ruh.

Hüpft ein Sperling an dem Weg,
Hänschen machte: Paff!
Doch der Sperling piepte frech:
Hänschen, bist ein Aff!

Hänschen nun verlor den Mut,
zog ein schief Gesicht:
Schießen tut die Flinte gut
doch sie trifft ja nicht!

Heinrich Seidel

Der Bär als Tenor

Im Walde lebte ein alter Bär,
der fasste den Vorsatz: Ich brumme nicht mehr.
Das Brummen verletzt mein zartes Ohr,
ab morgen singe ich nur Tenor!
Wie gedacht, so getan. Schon in aller Früh
probierte er: la–la–la und mi–mi–mi–mie.
Entsetzt lauschten die Tiere des Waldes da
dem mi–mi–mi– und la–la–la–la.
Sie kriegten teils Leib- und teils Ohrenweh,
denn der Bär kam nicht mal bis zum tiefen c.
Doch dacht er bei sich: »Man nur nich brummen.
Nur Geduld und Spucke, es wird schon kummen.«
Er gurgelte mit Honig, wie ein Stimmgenie,
und probte weiter: la–la–la– und mi–mi–mi–mie.
Am Nachmittag klang das mi–mi–mi schon viel leiser.
Als der Abend kam, war der Bär ganz heiser.
Man hörte aus seiner Höhle la–la–la– röcheln,
und die Vöglein in den Bäumen mussten schadenfroh löcheln.

Vom stärksten Bären lässt sich das Singen
niemals mit Kraft und Gewalt erzwingen.
Es ist und bleibt die alte Geschicht:
Was eben nicht geht – das geht eben nicht.
So war's, so bleibt's, und wird's stets kommen,
dass die Lerchen singen, und die Bären brommen.

Fred Endrikat

Der kleine Ritter

Hurra, mein neues Steckenpferd
hat feine flinke Beine!
Nun kauf ich mir ein großes Schwert
und reite ganz alleine.

Und reite, wie der Sturmwind weht,
rund dreimal um den Garten,
und wo der große Schneemann steht,
da muss mein Rösslein warten.

Nun komm mal her aus deiner Burg!
Dein Besen macht mich lachen.
Ich hau dich einfach mitten durch;
dann kannst du nichts mehr machen.

Da liegst du nun, du Goliath,
auf deiner weißen Nase,
und ich reit nach der nächsten Stadt,
reit vor das Tor und blase:

Herr König, Euer Feind ist tot,
mit großem Grimme focht er,
mein gutes Schwert bracht ihn in Not,
nun gebt mir Eure Tochter.

»Herein, Herr Ritter, kommt herein
mit Trommeln und Parade,
und morgen soll die Hochzeit sein,
dann gibt es Schokolade.«

Gustav Falke

59

Wovon träumt der Astronaut auf der Erde?

Dass er wie Löwenzahnsamen fliegt
von Stern zu Stern,
fremde Erze entdeckt
und nie gesehene Steine.

Wovon wird er als Mann im Mond einst träumen?

Dass er als Sternschnuppe heimfallen darf
und ein Gärtchen wiederfindet;
wo die Bienen die Sonnenblumen
erobern.

Christine Busta

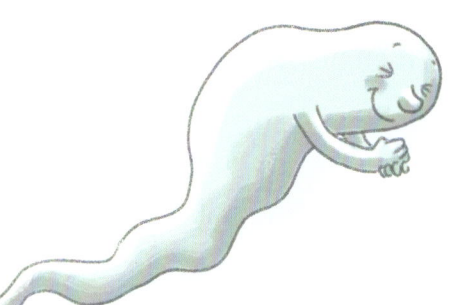

Das Brückengespenst

Am Kreuzweg seufzt ein Brückengeist,
umringt von sieben Kleinen,
mit Wanderpack und Bettelsack,
und alle Kleinen weinen.
Was fehlt dir Vater? Fasse Mut,
erzähle mir die Märe,
was dir geschah und ob ich dir
vielleicht behilflich wäre.
Der Alte ächzt und wischte sich
die tränenfeuchten Lider,
hernach mit kummervollem Blick
gab er die Antwort wider:
Ich lebt' als ehrliches Gespenst
im trauten Uferloche,
friedlich am heimatlichen Fluss
unter dem Brückenjoche.
Ach, war das eine schöne Zeit!
Die Brücke war in Stücken,
zwei Balken fehlten, einer wich,
die andern hatten Lücken.
Der Mittelpfosten schaukelte
und tanzte vor Vergnügen;
kurz, selbst der strengsten Forderung
konnte der Bau genügen.
Und da einmal Gespensterpflicht
erfordert, wen zu necken,
so wählten wir die Profession,
die Pferde zu erschrecken.
's ist eine angestammte Kunst

vom Urgroßvater ferne,
und wenn wir drinnen Meister sind,
das macht: Wir tun's halt gerne.
Zwar so ein Gaul am Wägelein
und solche kleine Dinge –
bewahr! Dergleichen lockt uns nicht,
das war uns zu geringe;
dagegen eine Jagdpartie,
ein Picknick meinetwegen
auf heißen Rasserossen, hah,
da lohnte sich's hingegen!
Man ließ das Trüpplein ungestört,
tripp trapp im muntern Schritte,
mit Scherz und Sang, tralli tralla,
bis auf die Brückenmitte.
Dann, auf mein Zeichen, ging es los.
Verborgen im Gebälke,
eröffneten zugleich den Krieg
die sieben süßen Schälke.
Der Leopold, der Barnabas,
der Klaus, der Sakranitsche
klatschen den Pferden um die Knie
mit Latten und mit Pritsche.
Der Wenzel zerrte sie am Reif,
der Philipp, nach den Regeln,
wippt ihnen Balken an den Bauch,
die kitzelten mit Nägeln.
Ich komme auch!, rief Fridolin.
Wart doch! Nicht solche Eile!
Nahm hurtig einen Span und stieß
und stach die Hinterteile.
War das ein Wirrwarr und Geschrei!
Das hättst du sehen sollen!
Vor Angst und Aufruhr wusste keins,

ob vor-, ob rückwärts wollen.
Links, rechts, hinunter in den Fluss,
plumps über das Geländer.
Und lustig schwammen Sonnenschirm
und Strohhut und Gewänder.
Ach Gott! Was schwatz ich unnütz da!
Das sind vergangne Zeiten!
Es geht jetzt alles mit Benzin,
vorüber ist das Reiten.
Statt des elastischen Gebälks
glotzt eine starre Mauer.
Ach je! Was weiß von Pietät
und Heimatschutz ein Bauer.
Der kennt nur seinen Marktverkehr
und seine Dorfintressen.
Ich aber irre nun seither,
verstoßen und vergessen,
mit meinen Kindern durch die Welt,
ob ich vielleicht am Ende
für sie – ich denk ja nicht an mich –
Arbeit und Stellung fände.
Ansprüche, große, mach ich nicht,
sei's eine hohle Eiche,
ein Kirchhof, ein verwunschnes Schloss,
es ist mir ganz das gleiche,
ich selber würde unterdes
etwas bei Spiritisten
als Klopfgeist oder Gabriel
zunächst mein Leben fristen.
's ist furchtbar schwierig heutzutag'
für körperlose Seelen!
Drum falls du jemals etwas weißt,
so möcht ich mich empfehlen.

Carl Spitteler

63

Der Regenwurm

Ein langer dicker Regenwurm
geriet in einen Wirbelsturm,
der trug ihn bis zum Himmel.
Nun dient er oben, nein, wie fein,
dem allerliebsten Engelein
als Klöppel einer Bimmel.

Heinz Erhardt

Der kleine Student

Hans, mein Sohn, was machst du da?
»Vater, ich studiere.«
Hans, mein Sohn, das kannst du nicht!
»Vater, ich probiere.«

Unbekannter Verfasser

Miss Pig

Rosmarie, das Warzenschwein,
wollte gerne schöner sein:
»Mit den Furunkeln im Gesicht
gewinn ich diese Misswahl nicht!«

Also ging's zu Doktor Specht:
»Lieber Doktor, mir wird schlecht,
wenn ich in den Spiegel gucke.
Mach aus mir doch eine schmucke,
schöne Sau. Tut es auch weh,
ich wünsch mir die Gesichts-OP.«

Doktor Specht mit scharfem Schnabel,
spitzer noch als jede Gabel,
sprach sofort: »Jawohl, ich hacke
dir die Pickel von der Backe.«

Und der Specht fraß jeden Pickel,
dann gab's einen dicken Wickel
für des Schweines wunde Wangen.
»Ach, nun muss ich nicht mehr bangen,
ob sie zur Miss Schwein mich kür'n,
der Preis kann jetzt nur mir gebühr'n!«

Des Schweines Stimme klang ganz dumpf
unter Doktors Wickelstrumpf.
Auch mit Schmerzen um den Rüssel
fuhr's gleich los zur Wahl nach Brüssel.
Dort wurd's ernannt zur »Great Miss Pig«.

Den Wickel fanden alle schick.

Heike Nieder

7
Wenn du vermisst

Der Jahrmarktsballon

Mutter! Mutter! Glücklich kreischt's der Junge
aus dem Bett und stellt sich hoch im Hemdchen:
»Mein Ballon. Dort fliegt er überm Garten.«
Strahlend steht er, seine Augen lachen,
die den ganzen Tag wie Bäche flossen
um den roten Ball, der ihm entflogen.
Mutter küsst den Schatz, die Linden rauschen,
und der rote Vollmond will sich schütteln,
dass der Hemdenmatz ihn so verkannte.

Frida Schanz

Die Stadt

Am grauen Strand, am grauen Meer
und seitab liegt die Stadt;
der Nebel drückt die Dächer schwer,
und durch die Stille braust das Meer
eintönig um die Stadt.

Es rauscht kein Wald, es schlägt im Mai
kein Vogel ohn' Unterlass;
Die Wandergans mit hartem Schrei
nur fliegt in Herbstesnacht vorbei,
am Strande weht das Gras.

Doch hängt mein ganzes Herz an dir,
du graue Stadt am Meer;
der Jugend Zauber für und für
ruht lächelnd doch auf dir, auf dir,
du graue Stadt am Meer.

Theodor Storm

Herr von Ribbeck auf Ribbeck im Havelland

Herr von Ribbeck auf Ribbeck im Havelland,
ein Birnbaum in seinem Garten stand,
und kam die goldene Herbsteszeit
und die Birnen leuchteten weit und breit,
da stopfte, wenn's Mittag vom Turme scholl,
der von Ribbeck sich beide Taschen voll.
Und kam in Pantinen ein Junge daher,
so rief er: »Junge, wiste 'ne Beer?«
Und kam ein Mädel, so rief er: »Lütt Dirn,
kumm man röwer, ick hebb 'ne Birn.«

So ging es viel Jahre, bis lobesam
der von Ribbeck auf Ribbeck zu sterben kam.
Er fühlte sein Ende. 's war Herbsteszeit,
wieder lachten die Birnen weit und breit;
da sagte von Ribbeck: »Ich scheide nun ab.
Legt mir eine Birne mit ins Grab.«
Und drei Tage drauf, aus dem Doppeldachhaus,
trugen von Ribbeck sie hinaus,
alle Bauern und Büdner mit Feiergesicht
sangen »Jesus meine Zuversicht«,
und die Kinder klagten, das Herze schwer:
»He is dod nu. Wer giwt uns nu 'ne Beer?«

So klagten die Kinder. Das war nicht recht –
ach, sie kannten den alten Ribbeck schlecht;
der neue freilich, der knausert und spart,
hält Park und Birnbaum strenge verwahrt.
Aber der alte, vorahnend schon
und voll Misstraun gegen den eigenen Sohn,
der wusste genau, was er damals tat,

als um eine Birn' ins Grab er bat;
und im dritten Jahr aus dem stillen Haus
ein Birnbaumsprössling sprosst' heraus.

Und die Jahre gehen wohl auf und ab,
längst wölbt sich ein Birnbaum über dem Grab,
und in der goldenen Herbsteszeit
leuchtet's wieder weit und breit.
Und kommt ein Jung' übern Kirchhof her,
so flüstert's im Baume: »Wiste 'ne Beer?«
Und kommt ein Mädel, so flüstert's: »Lütt Dirn,
kumm man röwer, ick gew' di 'ne Birn.«

So spendet Segen noch immer die Hand
des von Ribbeck auf Ribbeck im Havelland.

Theodor Fontane

Abschied

Du hast gesagt, wir müssen Abschied nehmen.
Du bist bald tot und ich soll mich nicht grämen.
Was heißt, nicht grämen? hab ich dich gefragt.
Das heißt, nicht traurig sein, hast du gesagt.

In deinem Alter ist man satt vom Leben,
hast du gesagt, mir einen Kuss gegeben
und aufgetragen, in den Park zu gehen,
dort, wo die Buchen um den Weiher stehen.

Dort sind wir in den Ferien oft gewesen.
Du hast mir was erzählt, was vorgelesen,
und manchmal haben wir auch nur geschwiegen
und Vögeln nachgeschaut, wie sie dort fliegen.

Dass flache Steine übers Wasser tanzen,
wenn man sie richtig wirft, und welche Pflanzen
man essen kann, hast du mir beigebracht,
und wie man mit 'nem Grashalm Töne macht.

»Wenn du dich dort an mich erinnerst, wirst du spüren,
ich bin bei dir. Du kannst mich nicht berühren«,
hast du gesagt, »und dennoch bin ich nah.
Solang du an mich denkst, bin ich noch da.«

Jetzt bist du tot, und ich geh zu den Buchen
beim Weiher dort im Park, um dich zu suchen.
Ich denk an dich so fest, wie ich nur kann,
und fange trotzdem gleich zu weinen an.

Du fehlst mir so! Es gibt so viele Sachen,
die ich erzählen will, so viel zum Lachen,
was niemand außer dir so recht versteht –
kannst du dir denken, wie es mir jetzt geht?

Du hast so gut begriffen, was ich meinte.
Du hast mich so getröstet, wenn ich weinte,
und dann hast du gesagt: »Jetzt aber Schluss!
Weil jeder Kummer auch mal enden muss.«

Ja, du hast Recht – jetzt spür ich, dass du nah bist.
Nicht so, wie wenn jemand tatsächlich da ist,
nicht wirklich. Aber trotzdem ist es wahr –
ich denk an dich, und du bist da!

Irmela Brender

Ein Schnurps grübelt

Also, es war einmal eine Zeit,
da war ich noch gar nicht da. –
Da gab es schon Kinder, Häuser und Leut'
und auch Papa und Mama,
jeden für sich –
bloß ohne mich!

Ich kann mir's nicht denken. Das war gar nicht so.
Wo war ich denn, eh es mich gab?
Ich glaub, ich war einfach anderswo,
nur, dass ich's vergessen hab',
weil die Erinnerung daran verschwimmt. –
Ja, so war's bestimmt!

Und einmal, das sagte der Vater heut,
ist jeder Mensch nicht mehr hier.
Alles gibt's noch: Kinder, Häuser und Leut',
auch die Sachen und Kleider von mir.
Das bleibt dann für sich –
bloß ohne mich.

Aber ist man dann weg? Ist man einfach fort?
Nein, man geht nur woanders hin.
Ich glaube, ich bin dann halt wieder dort,
wo ich vorher gewesen bin.
Das fällt mir dann bestimmt wieder ein.
Ja, so wird es sein!

Michael Ende

8
Wenn du müde bist

Wettschlafen

Wer zuerst einschläft, soll König sein!
Hörst du, Nero? Nun schlaf flink ein!
Aber ... lieber nicht früher als ich,
denn König sein ist wohl nichts für dich;
weißt du, ein König darf gar nicht bellen,
sich nie auf die Hinterbeine stellen,
darf auch nicht an der Türe kratzen,
sich nicht jagen mit anderleuts Katzen,
muss immer mit Messer und Gabel essen,
darf nie gefundene Knochen fressen.
Und dann, weißt du, mit allen vieren
kann man, glaub ich, nicht gut regieren.
Ein König sitzt den ganzen Tag still,
darf nicht laufen, wohin er will,
bleibt immer artig auf seinem Thron ...
und überhaupt ... ich schlafe schon!

Josefa Metz

Mondnacht

Es war, als hätt' der Himmel
die Erde still geküsst,
dass sie im Blütenschimmer
von ihm nun träumen müsst'.

Die Luft ging durch die Felder,
die Ähren wogten sacht,
es rauschten leis die Wälder,
so sternklar war die Nacht.

Und meine Seele spannte
weit ihre Flügel aus.
Flog durch die stillen Lande,
als flöge sie nach Haus.

Joseph Freiherr von Eichendorff

Gutenachtliedchen

Leise, Peterle, leise,
der Mond geht auf die Reise;
er hat sein weißes Pferd gezäumt,
das geht so still, als ob es träumt,
leise, Peterle, leise.

Stille, Peterle, stille,
der Mond hat eine Brille;
ein graues Wölkchen schob sich vor,
das sitzt ihm grad auf Nas' und Ohr,
stille, Peterle, stille.

Träume, Peterle, träume,
der Mond guckt durch die Bäume;
ich glaube gar, nun bleibt er steh'n,
um Peterle im Schlaf zu sehn –
träume, Peterle, träume.

Paula Dehmel

Zum Einschlafen zu sagen

Ich möchte jemanden einsingen,
bei jemandem sitzen und sein.
Ich möchte dich wiegen und kleinsingen
und begleiten schlafaus und schlafein.
Ich möchte der Einzige sein im Haus,
der wusste: die Nacht war kalt.
Und möchte horchen herein und hinaus
in dich, in die Welt, in den Wald.
Die Uhren rufen sich schlagend an,
und man sieht der Zeit auf den Grund.
Und unten geht noch ein fremder Mann
und stört einen fremden Hund.
Dahinter wird Stille. Ich habe groß
die Augen auf dich gelegt;
und sie halten dich sanft und lassen dich los,
wenn ein Ding sich im Dunkel bewegt.

Rainer Maria Rilke

Am Abend

Sinkt der Tag
in Abendgluten,
schwimmt das Tal
in Nebelfluten.

Heimlich
aus der Himmelsferne
blinken schon die goldnen Sterne.

Flieg zum Nest
und schwimm zum Hafen!
Gute Nacht!
Die Welt will schlafen!

Theodor Fontane

Schlafe, mein Prinzchen

Schlafe, mein Prinzchen! Es ruh'n
Schäfchen und Vögelchen nun.
Garten und Wiese verstummt,
auch nicht ein Bienchen mehr summt.
Luna mit silbernem Schein
gucket zum Fenster herein.
Schlafe beim silbernen Schein.
Schlafe, mein Prinzchen, schlaf ein!

Auch in dem Schlosse schon liegt
alles in Schlummer gewiegt:
Reget kein Mäuschen sich mehr,
Keller und Küche sind leer.
Nur in der Zofe Gemach
tönet ein schmelzendes »Ach«.
Was für ein »Ach« mag das sein?
Schlafe, mein Prinzchen, schlaf ein!

Wer ist beglückter als du?
Nichts als Vergnügen und Ruh!
Spielwerk und Zucker im Lauf,
schmeicheln und kosten vollauf,
alles besorgt und bereit,
dass nur mein Prinzchen nicht schreit!
Was wird da künftig erst sein?
Schlafe, mein Prinzchen, schlaf ein!

Friedrich Wilhelm Gotter

Hörst du, wie die Brunnen rauschen

Hörst du, wie die Brunnen rauschen,
hörst du, wie die Grille zirpt?
Stille, stille, lass uns lauschen,
selig, wer in Träumen stirbt.
Selig, wen die Wolken wiegen,
wem der Mond ein Schlaflied singt!
O, wie selig kann der fliegen,
dem der Traum den Flügel schwingt,
dass an blauer Himmelsdecke
Sterne er wie Blumen pflückt:
Schlafe, träume, flieg, ich wecke
bald dich auf und bin beglückt.

Clemens Brentano

Der Mann im Mond

Der Mann im Mond hängt bunte Träume,
die seine Mondfrau spinnt aus Licht,
allnächtlich in die Abendbäume,
mit einem Lächeln im Gesicht.

Da gibt es gelbe, rote, grüne
und Träume ganz in Himmelblau.
Mit Gold durchwirkte, zarte, kühne,
für Bub und Mädel, Mann und Frau.

Auch Träume, die auf Reisen führen
in Fernen, abenteuerlich.
Da hängen sie an Silberschnüren!
Und einer davon ist für dich.

Mascha Kaléko

Besuch

Abends wenn ich müde werd',
kommt zu mir ein weißes Pferd.

Und ich lass es in mein Zimmer,
doch ich habe keinen Schimmer,
was es von mir will,
denn es gibt nicht viel.

Weder Hafer noch Heu,
weder Sand noch Streu,
weder Weide noch Stall,
bloß einen Ball.

Sieht das Pferd ihn an,
schnuppert dran,
setzt sich auf den Ball,
schieß ich ihn ins All.

Fliegt jetzt abends spät
ein weißer Komet
und sein Schweif ganz klein
winkt zum Fenster rein.

Uwe-Michael Gutzschhahn

9
Wenn du krank bist

Vom Riesen Timpetu

Still! Ich weiß was. Hört mal zu:
War einst ein Riese Timpetu.
Der arme Bursche hat – o Graus! –
im Schlafe nachts verschluckt 'ne Maus.
Er lief zum Doktor Pfiffikus:
»Ach, Doktor, denkt nur, welch' Verdruss!
Ich hab' im Schlaf 'ne Maus verschluckt,
die sitzt im Leib und kneipt und druckt.«
Der Doktor war ein kluger Mann,
man sah's ihm an der Brille an.
Er hat ihm in den Hals geguckt:
»Wie? Was? 'ne Maus habt Ihr verschluckt?
Verschluckt 'ne Miezekatz dazu,
so lässt die Maus Euch gleich in Ruh'!«

Alwin Freudenberg

Lazarus

Ich bin der kleine Lazarus,
der still zu Bette liegen muss;
die Nacht ist immer schrecklich lang,
ich bin schon sieben Tage krank.

Ich weiß, im ganzen Hause geh'n
die großen Leute auf den Zeh'n;
ich mach' mir aber gar nichts draus,
ich packe still mein Spielzeug aus.

Ich schicke mein Soldatenheer
durch meine Kissen kreuz und quer,
von Tal zu Tal, bergauf bergab,
und manchmal kommt ein tiefes Grab.

Und auf dem Laken weiß wie Schnee
zieh'n meine Schiffe über See;
und um die Wellen geht ein Wall,
da bau' ich Burgen überall.

Ich bin der Riese groß und still,
der alles tun kann, was er will,
vom Bettberg bis zum Lakenstrand
im Reich der weißen Leinewand.

Paula und Richard Dehmel

Der Schnupfen

Ein Schnupfen hockt auf der Terrasse,
auf dass er sich ein Opfer fasse

– und stürzt alsbald mit großem Grimm
auf einen Menschen namens Schrimm.

Paul Schrimm erwidert prompt: »Pitschü!«
und hat ihn drauf bis Montag früh.

Christian Morgenstern

Halb so schlemm

Es war mal eine Kateze,
die hatte so ein Gefühl.
Da sagte Doktor Gripsgrari:
»Sie haben ein e zu viel!«

Er putzte seine Brille
und räusperte sich: »Ha hemm!
Ich muss Sie operieren,
das ist nur halb so schlimm.«

Der Doktor nahm die Schere
und schritt zur Operation.
Die Türe war offen geblieben,
da lief das e davon.

Es rannte über die Straße,
ei guck, in Hausnummer neun.
Gripsgrari mit der Schere
kam bald drauf hinterdreun.

Er ging hinein und fragte:
»Ist hier vielleicht ein e …?«
Da saß eine Tanete,
die nähtetetete.

Margrete, die Tanete,
sie sah ihn strafend an
und sprach zu ihm: »Sie Schlimmer,
das geht Sie gar nichts an.«

Sie stach ihn mit der Nadel.
Der Doktor rief: »Ha hemm!«
Und ging nach Haus und sagte:
»Ist alles halb so schlemm.«

Josef Guggenmos

Die Nase

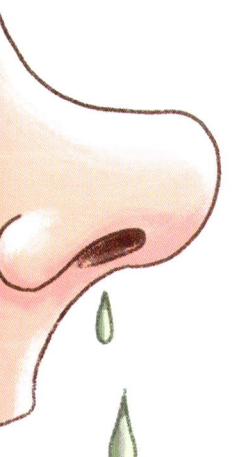

Wenngleich die Nas, ob spitz, ob platt,
zwei Flügel – Nasenflügel – hat,
so hält sie doch nicht viel vom Fliegen;
das Laufen scheint ihr mehr zu liegen.

Heinz Erhardt

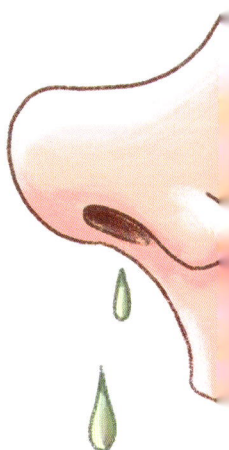

Kinderszene

*Ein kleines Mädchen hat seines Vaters Rock angezogen, dessen
Hut auf dem Kopf und den Stock in der Hand, um einen Doktor
vorzustellen. Ein älteres Mädchen sitzt am Bett einer Puppe,
welcher soeben der Puls gefühlt wurde.*

»Wie finden Sie das liebe Kind?« –
»Sie hat eben immer noch stark Fieber;
das ist der böse Nordostwind.
Doch scheint die größte Gefahr vorüber.
Wie war der Appetit indessen?« –
»Seit gestern hat sie nichts gegessen.
Mein Bruder bracht ihr heute früh
dies Törtchen mit, das möchte sie,
ich wollte es aber doch nicht wagen,
ohne Herrn Hofrat erst zu fragen.« –
»Es ist nur immer bei dem Zeug
zu viel Gewürz und Butterteig.
Mit Erlaubnis – ich will es doch versuchen.
Hm – eine Art von Mandelkuchen!« –
»Herr Hofrat! Sie vergessen sich,
Sie essen ja ganz fürchterlich!
Alle Achtung vor Ihrem großen Hut!
Aber Sie haben besondre Manieren.« –
»Pardon! Das Törtchen war gar zu gut.

*Nachdem er sich geräuspert und der Patientin nochmals den
Puls gefühlt.*

Lassen Sie nur eben das Mixtürchen repetieren;
wir sehen ein paar Tage zu.
Ihr Diener!« – »Gute Nacht!« – »Recht angenehme Ruh!«

Eduard Mörike

10
Wenn du dir Gelassenheit wünschst

Der Vogel auf dem Leim

Es sitzt ein Vogel auf dem Leim,
er flattert sehr und kann nicht heim.
Ein schwarzer Kater schleicht herzu,
die Krallen scharf, die Augen gluh.
Am Baum hinauf und immer höher
kommt er dem armen Vogel näher.
Der Vogel denkt: Weil das so ist
und weil mich doch der Kater frisst,
so will ich keine Zeit verlieren,
will noch ein wenig quinquilieren
und lustig pfeifen wie zuvor.
Der Vogel, scheint mir, hat Humor.

Wilhelm Busch

Das Krokodil

Ich bin ein altes Krokodil
und leb dahin ganz ruhig und still,
bald in dem Wasser, bald zu Land
am Ufer hier im warmen Sand.

Gemütlich ist mein Lebenslauf,
was mir in Weg kommt, fress' ich auf,
und mir ist es ganz einerlei,
in meinem Magen wird's zu Brei.

Schon hundert Jahre leb ich jetzt,
und wenn ich sterben muss zuletzt,
leg ich mich ruhig ins Schilf hinein
und sterb im Abendsonnenschein.

Franz Graf Pocci

Wie die Kinder übers Böcklein schelmisch lachen und sich übers Zottelröcklein lustig machen

Du Schäkerer,
du Meckerer,
hast gar ein zottlich Kleid.
Nicht neu, nicht alt,
nicht warm, nicht kalt,
nicht eng und auch nicht weit.
Da spricht der Bock:
Mein Zottelrock,
der ist mir zehnmal lieber
als ein Gewand
von allerhand
Tuch, Sammet oder Biber.
Er reißt mir nicht
und schleißt mir nicht
und kommt nicht aus der Mode.
Ich trag ihn von
Geburt an schon
und trag ihn bis zum Tode.
Ob ihr auch lacht,
er ist gemacht
mir doch zu einem Putze.
Ich schäm mich nicht
und gräm mich nicht
und trag ihn euch zum Trutze.

Friedrich Güll

Die Gäste der Buche

Mietegäste vier im Haus
hat die alte Buche.
Tief im Keller wohnt die Maus,
nagt am Hungertuche.

Stolz auf seinen roten Rock
und gesparten Samen
sitzt ein Protz im ersten Stock:
Eichhorn ist sein Namen.

Weiter oben hat der Specht
seine Werkstatt liegen.
Hackt und zimmert kunstgerecht,
dass die Späne fliegen.

Auf dem Wipfel im Geäst
pfeift ein winzig kleiner
Musikante froh im Nest.
Miete zahlt nicht einer.

Rudolf Baumbach

11
Wenn du nicht vernünftig sein willst

Das ästhetische Wiesel

Ein Wiesel
saß auf einem Kiesel
inmitten Bachgeriesel.

Wisst ihr,
weshalb?

Das Mondkalb
verriet es mir
im Stillen:

Das raffinier-
te Tier
tat's um des Reimes willen.

Christian Morgenstern

Wiesels Verwandte

Ein Wasel saß auf einer Hasel
mittendrin im schönen Basel.
Weshalb?
Es dachte an das Wiesel,
das dereinst auf einem Kiesel
saß inmitten Bachgeriesel.
Und genau wie ebenjenes
fand es: Reime sind was Schönes!

Was auch die anderen Verwandten,
die sich ähnlich nannten, fanden.
So ritt das beinverletzte Wesel
selbstverständlich auf 'nem Esel.
Und das sportversessne Wosel
schwamm am liebsten in der Mosel.
Auch das trinkerfahrne Wusel
nahm geschmacksneutralen Fusel
in Kusel.

P. S.: Ob das Kiesel-Wiesel
je verließ das Bachgeriesel?
Ganz gewiss, denn zu viel Spülung
bringt auf Dauer 'ne Verkühlung.
Drum sitzt das sprachverliebte Wiesel
inzwischen in 'nem VW-Diesel.

Heike Nieder

Vom Honigkuchenmann

Keine Puppe will ich haben –
Puppen geh'n mich gar nichts an.
Was erfreu'n mich kann und laben,
ist ein Honigkuchenmann,
so ein Mann mit Leib und Kleid,
durch und durch von Süßigkeit.

Stattlicher als eine Puppe
sieht ein Honigkerl sich an,
eine ganze Puppengruppe
mich nicht so erfreuen kann.
Aber seh' ich recht dich an,
dauerst du mich, lieber Mann.

Denn du bist zum Tod erkoren –
bin ich dir auch noch so gut,
ob du hast ein Bein verloren,
ob das andre weh dir tut:
Armer Honigkuchenmann,
hilft dir nichts, du musst doch dran!

Heinrich Hoffmann von Fallersleben

Dunkel war's

Dunkel war's, der Mond schien helle,
Schnee lag auf der grünen Flur,
als ein Auto blitzeschnelle
langsam um die Ecke fuhr.

Drinnen saßen stehend Leute,
schweigend ins Gespräch vertieft,
als ein totgeschossner Hase
auf der Sandbank Schlittschuh lief.

Und der Wagen fuhr im Trabe
rückwärts einen Berg hinauf.
Droben zog ein weißer Rabe
grade eine Turmuhr auf.

Ringsumher herrscht tiefes Schweigen
und mit fürchterlichem Krach
spielen in des Grases Zweigen
zwei Kamele lautlos Schach.

Und auf einer roten Parkbank,
die blau angestrichen war,
saß ein blondgelockter Jüngling
mit kohlrabenschwarzem Haar.

Neben ihm 'ne alte Schrulle,
zählte kaum erst 16 Jahr,
in der Hand 'ne Butterstulle,
die mit Schmalz bestrichen war.

Droben auf dem Apfelbaume,
der sehr süße Birnen trug,
hing des Frühlings letzte Pflaume
und an Nüssen noch genug.

Von der regennassen Straße
wirbelte der Staub empor
und der Junge bei der Hitze
mächtig an den Ohren fror.

Beide Hände in den Taschen
hielt er sich die Augen zu.
Denn er konnte nicht ertragen,
wie nach Veilchen roch die Kuh.

Holder Engel, süßer Bengel,
furchtbar liebes Trampeltier.
Du hast Augen wie Sardellen,
alle Ochsen gleichen dir.

Und zwei Fische liefen munter
durch das blaue Kornfeld hin.
Endlich ging die Sonne unter
und der graue Tag erschien.

Und das alles dichtet Goethe,
als er in der Morgenröte
liegend auf dem Nachttopf saß
und dabei die Zeitung las.

Unbekannter Verfasser

Eine Kuh, die saß im Schwalbennest

Eine Kuh, die saß im Schwalbennest
mit sieben jungen Ziegen,
sie feierten ihr Jubelfest
und fingen an zu fliegen.
Der Esel zog Pantoffeln an,
ist übers Haus geflogen.
Und wenn das nicht die Wahrheit ist,
so ist es doch gelogen.

Gustav Falke

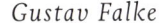

Schimpfonade

Du sechsmal ums Salzfass gewickelter Heringsschwanz!
Du viermal im Mehlpott gepökelter Krengeldanz!
Kropfbeißer, Kratzknacker, du hinkende Maus!
Sumpfdotter, Putzklopper, du zwickende Laus!
'ne Heulbeule biste, verdrück dich mit Soße!
Und ich geb' dir Quark mit Musik auf die Hose!
Du Giftwanstfresser, ich puste dich weg!
Und ich hol' meinen Bruder, der spuckt mit Dreck ...
Ihr Kinder, wir müssen nach Hause gehen!
Och, Mutti, wir spielen doch grad so schön.

Hans Adolf Halbey

Pampelmusensalat

Bei der Picknickpause in Pappelhusen
aß Papa mit Paul zwei Pampelmusen.
Doch bei dem Pampelmusengebabbel
purzelte plötzlich der Paul von der Pappel
mit dem Popo in Papas Picknickplatte,
wo Papa die Pampelmusen hatte.

»O Paul«, schrie Papa, »du bist ein Trampel!
Plumpst mitten in meine Musepampel –
Ich wollte sagen: in die Mampelpuse –
nein: Pumpelmase – nein: Pampelmuse!!«

Das gab vielleicht ein Hallo!
Die Pappeln, der Papa, der Paul und sein Po,
das Picknick, die Platte (um die war es schad') –
das war ein Pampelmusensalat!

Hans Adolf Halbey

Zur Theorie der Purzelbäume

In der Purzelbaumschule
sitzen die braven
Purzelbaumschüler
und lernen
und schlafen.

Ein Purzelexperte
erzählt mit Behagen
von all den Purzeln,
die er einst geschlagen ...
Hei, wie das Publikum lachte!

Nichts gegen die Purzelbaumtheorie –
und doch verdutzt mich irgendwie,
dass keiner
mal einen machte!

Jo Schulz

Wenn die weißen Riesenhasen

Wenn die weißen Riesenhasen
abends übern Rasen rasen
und die goldnen Flügelkröten
still in ihren Beeten beten,
wenn die schwarzen Buddelraben
tief in ihrem Graben graben
und die feisten Felsenquallen
kichernd in die Fallen fallen –:
dann schreibt man, wie jedes Jahr,
den hundertzwölften Januar.

Was? Ihr kennt ihn nicht, den Tag?
Schaut mal im Kalender nach!

Robert Gernhardt

irgendwo hier auf diesem papier

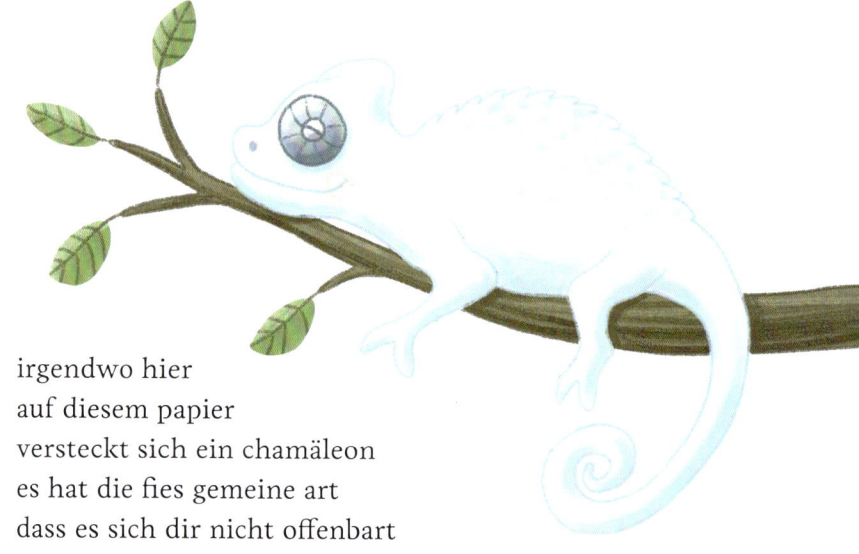

irgendwo hier
auf diesem papier
versteckt sich ein chamäleon
es hat die fies gemeine art
dass es sich dir nicht offenbart

irgendwo hier
auf diesem papier
versteckt sich ein chamäleon
es nahm die farbe von diesem blatt
und färbte sich an seiner statt

irgendwo hier
auf diesem papier
versteckt sich ein chamäleon
normalerweise bewegt es die augen
welche zum enttarnen taugen

doch irgendwo hier
auf diesem papier
versteckt sich ein chamäleon
nicht wundern wenn kein blick es trifft
denn es schläft unter der schrift

Arne Rautenberg

Rezept, wenn der Kühlschrank leer ist

Man nehme ein und geb hinzu
zwei mittelgroße. Rühren nun.
Jetzt streue man noch hundert Gramm,
danach ein Stück, dreifingerlang.

Auch schmecke man pikant es ab
mit einer Prise, nicht zu knapp.
Der Trick ist eine Messerspitz
und noch ein Schluck, bei schwacher Hitz

erwärmt. Und was nicht fehlen darf:
die zwanzig edlen, möglichst scharf,
und für die Milde noch ein Hauch
vom grad gekauften. (Alt geht auch.)

Und ruhen lassen. Deckel zu.
Und Deckel auf, sodann der Clou:
Man gießt zwei Liter schnell hinein.
Man rührt. Und rührt. Und lässt es sein.

Es schmeckt zu dieser feinen Speis
ein ofenwarmes, nicht zu heiß.
Und als Getränk empfiehlet sich
ein Gläschen vom. Na los, zu Tisch!

Susan Kreller

Die sonderbare Stadt Tempone

Kennt ihr schon die Stadt Tempone,
wo Prinz Rückwärts residiert?
Es ist seltsam und erstaunlich,
was tagtäglich dort passiert!

Jeden Abend geht die Sonne
ganz genau im Norden auf.
Und der Mond beginnt im Süden
und am Morgen seinen Lauf.

Nachts holt man sich dort zum Frühstück
frische Semmeln aus dem Mund,
legt sie fein auf einen Teller,
und dann gibt man sie dem Hund.

Bücher liest man dort vom Ende
bis zum Anfang mit Genuss.
Und dann bringt man sie dem Händler,
der das Buch bezahlen muss.

Mit dem Auto fährt man rückwärts.
Wenn man das Benzin vergisst,
tut man recht, denn man muss tanken,
wenn die Fahrt zu Ende ist.

Bäume fallen dort vom Himmel
bei besonders starkem Wind.
Und sie werden immer kleiner,
bis sie nur noch Samen sind.

Beim Gewitter springen Blitze
von der Erde in die Höh.
Und bei Regen ziehn die Wolken
dicke Tropfen aus dem See.

Kinder, die geboren werden,
sind gewöhnlich siebzig Jahr,
haben schlechte braune Zähne
und natürlich graues Haar.

Solche Kinder können rechnen,
schreiben, lesen und noch mehr,
und am Herd fällt diesen Kindern
auch das Kochen gar nicht schwer.

Doch sie werden täglich jünger:
Sechzig, fünfzig, vierzig Jahr.
So verlernen sie allmählich
all ihr Können ganz und gar.

Auch ein Schulhaus soll es geben.
Das ist seltsam wie sonst keins.
Für die größten Albernheiten
kriegt ein Kind dort eine Eins.

Kürzlich sprach ich mit dem Sohne
eines alten Stadtgeschlechts.
Danach liegt die Stadt Tempone
hinterm Monde – ziemlich rechts.

James Krüss

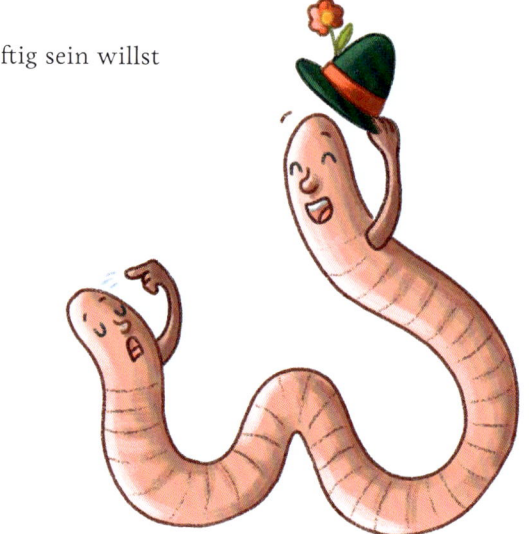

Irrtum

Ein Regenwurm war vor zwei Wochen
vergnüglich durch die Welt gekrochen.
Da kam ihm so von ungefähr
ein fremdes Würmchen in die Quer.

Das Kriechtier, nett und wohlerzogen,
war diesem Fremden gleich gewogen,
und es verspürte Sympathie.
»Gestatten, Wurm! Wie heißen Sie?«

Der andre brummte leicht betroffen:
»Ich glaube gar, Sie sind besoffen
und schleichen blind durch das Gelände.
Ich bin doch nur Ihr hintres Ende!«

Günter Wiesing

Geschäftliches

Bei Kackadu und Pipidu
mieft die Bude immerzu.

Heike Nieder

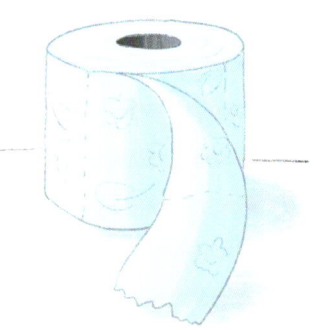

12
Wenn du gerne nachdenkst

Rätsel

Ein Männlein steht im Walde
ganz still und stumm,
es hat von lauter Purpur
ein Mäntlein um.
Sagt, wer mag das Männlein sein,
das da steht im Wald allein
mit dem purpurroten Mäntelein?

Ein Männlein steht im Walde
auf einem Bein,
und hat auf seinem Haupte
schwarz Käpplein klein.
Sagt, wer mag das Männlein sein,
das da steht im Wald allein
mit dem kleinen schwarzen Käppelein?

Das Männlein dort auf einem Bein
mit seinem roten Mäntelein
und seinem schwarzen Käppelein
kann nur die Hagebutte sein!

August Heinrich Hoffmann von Fallersleben

Wünschelrute

Schläft ein Lied in allen Dingen
die da träumen fort und fort,
und die Welt hebt an zu singen,
triffst du nur das Zauberwort.

Joseph Freiherr von Eichendorff

Die Ahnung

Ich trank meinen Morgenkaffee und ahnte nichts Böses.
Es klingelte. Ich ahnte noch immer nichts Böses.
Der Briefträger brachte mir ein Schreiben.
Nichts Böses ahnend, öffnete ich es.
Es stand nichts Böses darin.
Ha! Rief ich aus. Meine Ahnung hat mich nicht betrogen.

Erich Mühsam

Tischrede

Hast du schon einmal über einen TISCH nachgedacht?
Zum Beispiel, was den TISCH denn zum TISCH gerade macht?
Was macht ihn so TISCHIG, so TISCHARTIG, TISCHHAFT?
Eine geheimnisvolle TISCHKRAFT?
Und TISCHT ein TISCH eigentlich, oder wird er GETISCHT?
Und VERTISCHT er, wenn seine TISCHHEIT erlischt?
Und machst du so weiter mit TISCH, bis du döst,
hat plötzlich TISCH von dem Ding sich gelöst.
Und du fragst dich: »Wieso denn eigentlich TISCH?«
Und TISCH klingt so fremd, und TISCH klingt so frisch.
Und du bist ganz erstaunt, weil du ganz sicher weißt,
dass TISCH eigentlich überhaupt nichts »heißt«.
Dafür steht in deinem Zimmer ganz dumm
ein gänzlich Namenloses herum.
So fremd und unheimlich unbekannt,
ganz stumm, unbegreifbar und unbenannt,
fast unsichtbar, gar nicht richtig da ...
Und dann, dann sagst du auf einmal: »Aha,
das ist ja der TISCH!« Und es schnappt wieder ein.
»Der Tisch, na klar, was sonst soll es sein?«

Martin Auer

Verse zu den gefundenen Dingen eines Knaben

Die Vogelfeder aus erprobter Schwinge,
aus Halm und Moos ein zartgefügtes Nest
und Pflanzenrunen, magisch eingepresst
im Stein – glückliches Kind, was immer dir gelinge,
in diesem Fund besitzt du alle Dinge
und kannst von ihnen, was du brauchst, erfahren:
den flugbereiten und den mütterlichen Geist
und jenes Letzte, das versteint die Pflanze weist,
das Wesen im Erlittnen zu bewahren,
verwandelt ganz zum Stern, auf dem du kreist.

Christine Busta

Ich bin eine Wolke gewesen

Ich bin eine Wolke gewesen, und das ist lange her;
vor vierzig unendlichen Tagen und Nächten
gebar mich das stahlgraue Meer.

Zu den fernen Küsten trug mich der Wind,
überflog mit mir Städte und Länder
und verließ mich auf einmal geschwind.

Zur Erde sank ich hilflos und sacht.
Dann löste ich mich in Regen
und stürzte hinab mit Macht.

Versickert im Boden, verronnen in Staub
war ich nach wenigen Stunden,
nur meine Reste perlten vom Laub.

In Früchte und Pflanzen ging ich bald ein
und damit in fleischernes Leben
und zuletzt in menschliches Sein.

So wurde ich Mensch nach einiger Zeit,
mit Herz und Gehirn und Händen,
und zu allem und nichts bereit.

Ich weiß genau: Die Wolke ist hin.
Aber von ihr ist geblieben
etwas in mir tief drin.

Die Sehnsucht, wie jene so hoch und kühn
zu kommen, zu gehen, zu wandern
und sich zu wandeln ganz ohne Mühn,

und sich zu wandeln samt Haut und Haar –
das lässt mich noch manchmal spüren,
dass ich eine Wolke war.

Günter Kunert

In jedem GedICHt

steckt ein ICH und
noch mehr
kann sein es war dir
verborgen bisher

Walther Petri

Tiger-Jagd

Wer Lust hat, kann an Regentagen
auch hierzulande Tiger jagen.

Es lohnt zum Beispiel der Versuch
der Tigerjagd im Wörterbuch.

Dort spielt der Tiger mit den Jungen
im Quellgebiet der Steigerungen:

Ein Lus-Tiger, ein Präch-Tiger,
ein Läs-Tiger, ein Mäch-Tiger,

ein Hef-Tiger, ein Gran-Tiger,
ein Bors-Tiger, ein Kan-Tiger,

ein Kräf-Tiger, ein Saf-Tiger,
ein ganz und gar Wahrhaf-Tiger,

ein Ar-Tiger, ein Bär-Tiger,
und manchmal ein Verfer-Tiger

von Bildern und Geschichten,
der so ein Spiel erfinden kann,
von dem wir hier berichten.

Man braucht zu dieser Tigerjagd
kein Netz und kein Gewehr,

und wer ein bisschen überlegt,
der findet noch viel mehr.

Hans Georg Lenzen

Gedichtbehandlung

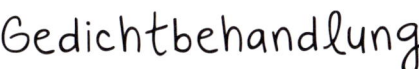

Heut haben wir ein Gedicht durchgenommen.
Zuerst hat's der Lehrer vorgelesen,
da ist es noch sehr schön gewesen.

Dann sind fünf Schüler drangekommen,
die mussten es auch alle lesen;
das war recht langweilig gewesen.

Dann mussten drei Schüler es nacherzählen
für eine Note; sie hatten noch keine,
da verlor das Gedicht schon Arme und Beine.

Dann wurde es ganz auseinander genommen,
und jeder Vers wurde einzeln besprochen.
Das hat dem Gedicht das Genick gebrochen.

»Warum tat der Dichter dies Wort wohl wählen?
Warum benutzte er jenes nicht?«
Und schließlich: »Was lehrt uns dieses Gedicht?«

Dann mussten wir in unsre Hefte eintragen;
das Gedicht ist ab Montag aufzusagen.
Die ersten Fünf kommen Montag dran.

Mich hat das zwar nicht weiter gestört;
ich hab das Gedicht so oft heut gehört,
dass ich es jetzt schon auswendig kann.

Aber viele machten lange Gesichter
und schimpften auf das Gedicht und den Dichter.
Dabei war das Gedicht zunächst doch sehr schön.

So haben wir oft schon Gedichte behandelt.
So haben wir oft schon Gedichte verschandelt.
So sollen wir lernen, sie zu verstehn.

Bernd Lunghard

13
Wenn du immer Kind sein willst
‿

Das Karussell

Mit einem Dach und seinem Schatten dreht
sich eine kleine Weile der Bestand
von bunten Pferden, alle aus dem Land,
das lange zögert, eh es untergeht.

Zwar manche sind an Wagen angespannt,
doch alle haben Mut in ihren Mienen;
ein böser roter Löwe geht mit ihnen
und dann und wann ein weißer Elefant.

Sogar ein Hirsch ist da, ganz wie im Wald,
nur dass er einen Sattel trägt und drüber
ein kleines blaues Mädchen aufgeschnallt.

Und auf dem Löwen reitet weiß ein Junge
und hält sich mit der kleinen heißen Hand,
dieweil der Löwe Zähne zeigt und Zunge.

Und dann und wann ein weißer Elefant.

Und auf den Pferden kommen sie vorüber,
auch Mädchen, helle, diesem Pferdesprunge
fast schon entwachsen; mitten in dem Schwunge
schauen sie auf, irgendwohin, herüber –

Und dann und wann ein weißer Elefant.

Und das geht hin und eilt sich, dass es endet,
und kreist und dreht sich nur und hat kein Ziel.
Ein Rot, ein Grün, ein Grau vorbeigesendet,
ein kleines, kaum begonnenes Profil –.
Und manches Mal ein Lächeln, hergewendet,
ein seliges, das blendet und verschwendet
an dieses atemlose blinde Spiel.

Rainer Maria Rilke

Die Schaukel

Wie schön sich zu wiegen,
die Luft zu durchfliegen
am blühenden Baum!
Bald vorwärts vorüber,
bald rückwärts hinüber,
es ist wie ein Traum!

Die Ohren, sie brausen,
die Haare, sie sausen
und wehen hintan!
Ich schwebe und steige
bis hoch in die Zweige
des Baumes hinan.

Wie Vögel sich wiegen,
sich schwingen und fliegen
im luftigen Hauch:
Bald hin und bald wieder,
hinauf und hernieder,
so fliege ich auch!

Heinrich Seidel

Die Schaukel

Auf meiner Schaukel in die Höh,
was kann es Schöneres geben!
So hoch, so weit! Die ganze Chaussee
und alle Häuser schweben.

Weit über die Gärten hoch, juchhee,
ich lasse mich fliegen, fliegen;
und alles sieht man, Wald und See,
ganz anders steh'n und liegen.

Hoch in die Höh! Wo ist mein Zeh?
Im Himmel! Ich glaube, ich falle!
Das tut so tief, so süß dann weh,
und die Bäume verbeugen sich alle.

Und immer wieder in die Höh,
und der Himmel kommt immer näher;
und immer süßer tut es weh –
der Himmel wird immer höher.

Richard Dehmel

Wie Ralf dem Riesen half

Hört, wie der kleine Knirps, der Ralf,
Fasolt, dem großen Riesen, half.
Er sprach: Ihr werdet schwach und alt,
Plag' tut nicht gut, Ihr zittert bald.
Herr Fasolt, lasst Euch raten recht
und nehmt mich an zu Eurem Knecht.
Zwar bin ich kurz und dick und klein;
doch kann nicht jeder ein Riese sein.
Krieg ich mein gutes Deputat,
so schaff und helf ich früh und spat,
bald mit der Tat, bald mit dem Rat.
Der Riese sprach: Ich will's probieren;
erst iss und tu dich nicht genieren.
Wie schmauste da der kleine Ralf;
den Riesen freut's, wie er ihm half.
Nun aber komm hinaus zum Wald,
wir brauchen Holz, es wird schon kalt.
Sie geh'n. Wo hast du denn das Beil?
Ralf sprach: Vergessen in der Eil;
doch macht Euch keine Sorge drum,
man kriegt den Baum auch so schon um:
Packt ihn nur recht beim Wipfel an
und wiegt; ich helf hier unten dann,
weil ich so hoch nicht langen kann.
Wiegt zu, wiegt zu! Er weichet schon!
Da liegt er, blautz! Ralf springt davon.
Der Riese wischt sich ab den Schweiß.
Ralf sprach: Nicht wahr, es wird uns heiß;
drum wechseln wir nun, lieber Mann:
Weil ich nun oben langen kann,
pack du den Baum nun unten an.
Der Riese sprach: Hier hakt er noch!

Zieh nur die Wurzel aus dem Loch,
zieh zu, und bleibe guten Muts,
zieh zu, zieh zu! Der Riese tut's:
Nun ist er raus, nun wechsle du.
Nein, sprach da Ralf, bleib dort in Ruh!
Ich pack ihn schon, trag du nur zu!
Der Riese nimmt nun auf den Baum,
Ralf hilft ihm nicht einmal im Traum,
er ruckt und raschelt nur zum Schein
und lässt dem Riesen alle Pein.
Er lässt ihn ziehen mit der Last,
setzt sich noch gar auf einen Ast
und lässt sich tragen ohne Not,
verzehrt dazu ein Butterbrot,
und ruft: Nur zu, nicht zu gemach!
Ich spute mich, ich komm schon nach!
Der Riese sieht sich auch nicht um
und trägt ihn immer mit, wie dumm,
lobt ihn und spricht: So ist es recht,
es richt' sich nach dem Herrn der Knecht.
Sollt' ich so klein die Schritte machen
wie du, so würden alle lachen.

Ralf sprach: Die Arbeit macht doch munter!
Und sang und pfiff ein wenig drunter.
Als man sie sah so ziehen beide,
da hatten alle Leute Freude:
Man fand es allerliebst, wie Ralf,
der Knirps, dem großen Riesen half.

August Kopisch

Kindersand

Das Schönste für Kinder ist Sand.
Ihn gibt's immer reichlich.
Er rinnt unvergleichlich
zärtlich durch die Hand.

Weil man seine Nase behält,
wenn man auf ihn fällt,
ist er so weich.
Kinderfinger fühlen,
wenn sie in ihm wühlen,
nichts und das Himmelreich.

Denn kein Kind lacht
über gemahlene Macht.

Joachim Ringelnatz

Milch, Milch!

Es hat geschneit, es hat geschneit heut Nacht.
Schlohschlohweiß ist die Erde aufgewacht.
Hof, Garten, Dächer, alles puderweiß.
Der Kinder Wangen glühen freudeheiß,
das Kleinchen gar will nicht vom Fenster lassen.
»Milch! Milch!«, ruft es entzückt und kann sich gar nicht fassen.

Frida Schanz

Die drei Malerinnen

Trude, Kathrine, Marei,
was taten denn die drei?
Sie malten etwas für Kenner:
Auf ihre Tafeln drei Männer,
das waren der Onkel drei.

Drauf gingen sie alle drei,
zu spielen im sonnigen Mai.
Im Stübchen einsam verblieben
nur die drei Onkels, die lieben,
von Trude, Kathrine, Marei.

Victor Blüthgen

Wie man sich als Erwachsener fühlt

Seltsam:
Die Menschen um mich her,
die Onkel und die Tanten,
die Freunde und Bekannten,
die altern Jahr für Jahr.
Sie sind nicht mehr die Alten,
sie kriegen langsam Falten
und manches graue Haar.

Nur ich, ich bin derselbe,
der ich schon immer war.

Paul Maar

Verzeichnis der Gedichtüberschriften